BEI GRIN MACHT SICH IHR WISSEN BEZAHLT

- Wir veröffentlichen Ihre Hausarbeit, Bachelor- und Masterarbeit

- Ihr eigenes eBook und Buch - weltweit in allen wichtigen Shops

- Verdienen Sie an jedem Verkauf

Jetzt bei www.GRIN.com hochladen und kostenlos publizieren

Bibliografische Information der Deutschen Nationalbibliothek:

Die Deutsche Bibliothek verzeichnet diese Publikation in der Deutschen National-
bibliografie; detaillierte bibliografische Daten sind im Internet über http://dnb.d-
nb.de/ abrufbar.

Impressum:

Copyright © 2009 GRIN Verlag, Open Publishing GmbH
Druck und Bindung: Books on Demand GmbH, Norderstedt Germany
ISBN: 9783640542666

Dieses Buch bei GRIN:

http://www.grin.com/de/e-book/143967/werkanalyse-zu-maupassant-bel-ami-zola-
pot-bouille-barbey-d-aurevilly

Hendrik Keilhauer

Werkanalyse zu: Maupassant - "Bel Ami", Zola - "Pot-Bouille", Barbey d'Aurevilly - "Les Diaboliques"

GRIN Verlag

GRIN - Your knowledge has value

Der GRIN Verlag publiziert seit 1998 wissenschaftliche Arbeiten von Studenten, Hochschullehrern und anderen Akademikern als eBook und gedrucktes Buch. Die Verlagswebsite www.grin.com ist die ideale Plattform zur Veröffentlichung von Hausarbeiten, Abschlussarbeiten, wissenschaftlichen Aufsätzen, Dissertationen und Fachbüchern.

Besuchen Sie uns im Internet:

http://www.grin.com/

http://www.facebook.com/grincom

http://www.twitter.com/grin_com

CHRISTIAN-ALBRECHTS-UNIVERSITÄT ZU KIEL

Romanisches Seminar

Literaturwissenschaftliche Übung:
Les courants du roman du XIXe siècle

Analyseaufgabe 2
zu den Werken

- **MAUPASSANT**:   *Bel Ami*
- **ZOLA**:   *Pot-Bouille*
- **BARBEY D'AUREVILLY**:   *Les Diaboliques*

Von

Hendrik Keilhauer

1. Staatsexamen für das Lehramt an Gymnasien
Französisch (6. Fachsemester)
Latein (6. Fachsemester)
Italienisch (5. Fachsemester)

Teilaufgabe 1: Vergleichen Sie mittels Textpassagen aus den Romanen *Bel-Ami* und *Pot-Bouille* das Frauenbild, welches dort entwickelt und dargestellt wird![1]

In den beiden Romanen *Bel-Ami* von GUY DE MAUPASSANT und *Pot-Bouille* von ÉMILE ZOLA trifft der Leser jeweils auf einen männlichen Protagonisten, der – um auf der Karriereleiter der Gesellschaft voranzukommen oder ganz einfach nur um seinen persönlichen Vorteil aus einer Situation ziehen zu können – die Frauen seiner Umgebung gleichsam wie ein Werkzeug benutzt und instrumentalisiert. Frauen spielen für Georges Duroy und Octave Mouret lediglich eine instrumentelle Rolle als Hilfsmittel und Wegbereiter zum persönlichen Erfolg. Eine eingehende und untersuchende Darstellung, wie die Autoren beider Werke ihr jeweiliges Frauenbild konstruieren, ist demnach angeraten und soll im Folgenden angestellt werden.

Der Karrieremensch Georges Duroy, personifizierter Inbegriff des bürgerlichen Parvenus, der skrupellos seinen persönlichen Aufstieg in der Pariser Gesellschaft betreibt, nutzt die Frauen sprichwörtlich aus. Er nimmt als Bilderbuch-Schürzenjäger die erotischen Abenteuer als „notwendige Stufen auf der Karriereleiter in Kauf"[2]. Dementsprechend hat er für die Frauen wenig persönliches Interesse, sie sind ihm egal und er hat keine Wertschätzung für sie. Er setzt bedenkenlos seinen ganzen Charme und seinen geschäftsmännischen Instinkt dafür ein, um über den Weg einflussreicher und wohlhabender Damen zu den Schalthebeln der Macht vorzudringen. So heiratet er nach dem Tode seines Chefs Walter, des Verlagschefs einer Zeitung, dessen Witwe Madeleine, um sich das Machtinstrument Presse zu sichern. Anschließend strengt er, nachdem er Madeleine *in flagranti* beim Ehebruch erwischt hatte, obwohl er selbst mehrmals selbigen begangen hatte[3], die Scheidung an und verführt wohlüberlegt deren Tochter um sich durch eine weitere Ehe das

---

[1] Aus Platzgründen wird, wenn das Zitat zu lang ist, nur auf die entsprechende Textpassage verwiesen!
[2] Kindler Bd. 11, S. 360.
[3] Der Ehebruch Madeleines ist für in also nur willkommene Gelegenheit, sich des Instrumentes Frau zu entledigen, nachdem er ausreichenden Nutzen aus ihr gezogen hatte.

Vermögen der Walters mittels Erbe zu sichern. Sein Spitzname Bel-Ami, der charmante Hausfreund, der Liebhaber eben, macht MAUPASSANT, in seiner pessimistischen Weltsicht und seinem negativen Sittenbild verhaftet, bezeichnenderweise zum Titel seines Buches. Im anonym-entpersonalisierten Großstadtgeschehen von Paris kann der ambitionierte Duroy so dank seiner kriminellen Energie seinen Aufstieg zielgerichtet betreiben und gelangt zu Macht, Ansehen und Einfluss.[4] Damit ist Duroy ein von MAUPASSANT scharfsichtig portraitierter Vertreter der korrupten Gesellschaft jener Epoche.

Die Darstellung der Frauen im Roman orientiert sich an Duroys Auffassung von ihnen als lediglich Zweckobjekte, denen er in jedem Falle überlegen ist. Herablassend betrachtet er die Damenwelt um sich herum, verführt nach Belieben, sieht nicht den Menschen sondern kalkuliert nur den Nutzen (und sei es im konkreten Falle auch nur das momentane körperliche Vergnügen), den er aus der jeweiligen Figur ziehen könnte. Das weibliche Wesen an sich ist ihm dabei völlig egal. Und er ist sich dessen bewusst, Duroy zelebriert für sich und in sich genau diese berechnende Überlegenheit seiner Person gegenüber den Frauen:

> [...] tout en marchant avec une joie intime, la joie du succès sous toutes ses formes, la joie égoïste de l'homme adroit qui réussit, la joie subtile, faite de vanité flattée et de sensualité contente, que donne la tendresse des femmes.

Er sieht in seinem Gegenüber dann nicht den Menschen, er beurteilt die Person nach dem Äußeren, und zeigt sich dabei als egoistisch-sinnlicher Genießer, der einzig und allein an den körperlichen Freuden und Genüssen interessiert ist, die ihm die Frau zu bieten hat:

> Il eut une surprise en la voyant, tant il la trouva belle e jeune.
> Elle était en toilette claire dont le corsage un peu fendu laissait deviner, sous une dentelle blonde, le soulèvement gras des seins. (...) il la jugea vraiment désirable.

Er nimmt die Faszination und den Reiz, den das Weibliche ausstrahlt, begierig in sich auf, er genießt beispielsweise die „émanations féminines", allerdings achtet er dabei nicht den Menschen, Frauen sind für ihn wie Gegenstände mit einem momentanen Marktwert, der sich nach dem jeweiligen Nutzen berechnet. Sie sind für Georges Duroy etwas, an dem man sich nach Belieben bedienen kann ohne dass man sich irgend einer

---

[4] Vgl. Kindler Bd. 11, S. 360: „Für Duroy sind die Zeitung und seine Amouren lediglich Mittel auf dem Wege zu Macht, Erfolg und Reichtum".

Verpflichtung hingeben müsste, und genauso sieht der Protagonist auch seine Umwelt, wofür bezeichnenderweise folgende herablassende Wahrnehmung Duroys bei einem Festbankett steht: „Presque toutes les banquettes étaient **couvertes** de femmes, (…)"[5] Frauen sind überall, es gilt nun, sie zu ernten, Nutzen aus Ihnen zu ziehen, sie zu genießen und sich ihrer anschließend möglichst ohne große Probleme zu entledigen!

Ein ebenfalls nicht sehr positives Frauenbild entwirft ZOLA im Zehnten Roman seiner epochalen Familienchronik *Les Rougon-Macquart*, die einem umfassenden Sozialfresko gleicht. Hier wird ebenfalls dargestellt, wie der Protagonist Octave, anfangs vom gutsituierten Bürgertum des Hauses in der Rue Choiseul beeindruckt, zunehmend bemerkt[6], dass alle Handlungen der Mitbewohner einzig und allein dem persönlichen Nutzen verpflichtet sind, und diese Einstellung übernimmt er schließlich auch.

> Ob Ehe, Liebe, Freundschaft, politische Gesinnung oder familiäre Bindung: jede persönliche Beziehung wird utilitaristisch geregelt, jede persönliche Haltung von Geldinteressen bestimmt. Die Sucht nach Vorteil und Gewinn steuert das Verhalten der agierenden Figuren. (…) Ehe wird dabei zu einem Geschäft wie jedes andere, Liebe und menschliche Werte spielen dabei keine Rolle.[7]

Ebenso wie George Duroy instrumentalisiert Octave Mouret seine Umwelt ebenfalls und macht sie sich so zu Nutze, dass für ihn ein größtmöglicher Vorteil dabei herausspringt. Auf diese Weise macht er Karriere im Haus und schafft es von einem kleinen Angestellten zum wohlhabenden Geschäftsinhaber. Dabei nutzt ihm die Ehe mit der Witwe seines früheren Chefs, Frau Hédouin[8]: Keinesfalls liebt er diese Frau, aber sie und das Zweckbündnis mit ihr sind das „notwendige Übel", um das zu erreichen, was Octave sich vorgenommen hat. Seine Ziele verfolgt er genauso hartnäckig wie Georges Duroy und dies tut er auch über die Grenze der Moralität hinweg, wovon später die Rede sein wird:

> (…) une certitude profonde, absolue, lui venait d'avoir un jour Mme Hédouin, **qui ferait sa fortune** ; mais c'était **une affaire de prudence, une longue tactique** de galanterie, où se plaisait déjà son sens voluptueux de la femme. Comme il se rendormait, dressant des plans, **se donnant six mois pour réussir**, l'image de Marie Pichon avait achevé de calmer ses impatiences. Une femme pareille était très commode ; il suffisait d'allonger les bras, quand il la voulait, et elle ne lui coûtait pas un sou. (S. 136f.)

---

[5] Hervorhebung stets durch den Verf.
[6] „(…) il regardait les murailles, comme vexé de ne pas avoir lu tout de suite au travers, derrière les faux marbres et le carton-pâte luisant de dorure." (S. 147)
[7] Kindler Bd. 17, S. 1068.
[8] In meinen Augen eine eindeutige Parallele zur Karriere Duroys!

Wie man sieht, berechnet Octave seelenruhig und mit verblüffender Selbstsicherheit geradezu taktisch sein Vorgehen bei den Frauen. Er respektiert sie nicht, sie sind für ihn nur Mittel zum Zweck.[9]

Die Frauen in *Pot-Bouille* werden ebenfalls (genauso wie die Männer auch) als moralisch verwerflich dargestellt. Sie haben keine Prinzipien, sind vulgär und leicht zu haben (die Angestellten) oder scheinheilig und oberflächlich (die Bewohnerinnen). Hin und wieder lässt der Autor mittels Kommentaren der Figuren seine Verachtung dieser Weltsicht verlauten:

> - Où donc est-elle, votre bourgeoise ? demanda curieusement Victoire.
> - Elle vient de partir déjeuner chez une dame.
> Lisa et Julie se démanchèrent le cou, pour échanger un regard. Elles la connaissent, la dame. Un drôle de déjeuner, la tête en bas et les jambes en l'air ! (…) seulement, ça faisait honte à l'espèce humaine, qu'une femme ne se conduisît pas mieux. (S. 146)

Da alles unter dem Aspekt des Geldes und des möglichen Nutzens betrachtet wird, überrascht es nicht, dass Frauen von ZOLA im Roman als für die Männer (aus-)nutzbare Objekte, als Werkzeuge zum Vergnügen und Hilfsmittel auf dem Weg zum gewünschten Erfolg dargestellt werden. Trublot empfiehlt Octave beispielsweise sogar Frauen, die er selbst schon verführt und sozusagen „ausgetestet" hat, wie ein Stück leblose Ware: „Je vous assure, mon cher, c'est très chic… Elle a une peau, vous ne vous e doutez pas !" (S. 58) Die Frauen selbst sind unmoralisch und bieten von sich aus alle Möglichkeiten dar, um ausgenutzt zu werden: Sie sind leichtgläubig, einfach zu verführen und nicht besonders charakterstark. All dies führt dazu, dass sie ausgenutzt werden und das Frauenbild hier ein negatives ist, welches Frauen als schwache, ausnutzbare Wesen darstellt.

Zusammenfassend kann festgestellt werden, dass sowohl in *Bel-Ami* als auch in *Pot-Bouille* das Frauenbild kein positives ist. Frauen sind hier für die männlichen Protagonisten gesichtslose Objekte, ja geradezu Werkzeuge auf dem Weg zum Erfolg, deren weibliche Vorzüge man skrupellos und ohne Bedenken haben zu müssen auszubeuten kann.

---

[9] Das Octave nahezu gar keine Achtung vorm weiblichen Geschlecht hat zeigt sich gut an folgender Stelle (S. 143), in der gesagt wird, dass er im Haus – wenn überhaupt – nur eine Frau respektieren würde, und das auch lediglich wegen ihres Alters und ihrer daraus resultierenden Lebenserfahrung (mit den Bewohnern im Haus): „Victoire (…) soixante-dix ans, la seule qu'il respectât ; (…)"

Teilaufgabe 2: ZOLA und BARBEY D'AUREVILLY versuchen in ihren beiden Werken das Unmoralische anzuprangern. Vergleichen Sie anhand von passenden Textbelegen deren Vorstellung davon, was unmoralisch ist! Wie bzw. mit welchen Mitteln wird Ihrer Meinung nach die Kritik an der Unmoral bei beiden Autoren zum Ausdruck gebracht? Ist dies gelungen? Begründen Sie Ihre Aussagen und stützen Sie diese an geeigneter Stelle auf Sekundärliteratur!

D er französische Titel von ZOLAS Roman *Pot-Bouille* lautet frei übertragen „Ein feines Haus"[10], da man den französischen Ausdruck nicht adäquat im Deutschen wiedergeben kann. Jedoch sprechen jeweils beide Titel für sich: *Pot* (Topf) und *bouillir* (kochen) bedeuten zusammen so etwas wie ein ‚bunt zusammen gekochtes Allerlei'. Genau dies soll auch dargestellt werden: ein Haus voller verschiedener Charaktere, die allesamt miteinander in Verbindung stehen, deren Handlungen aber bei weitem nicht moralisch integer sind. Der deutsche Titel nimmt die Interpretation bereits ein Stück weit vorweg: Sagt man „Na, das ist mir aber vielleicht ein feines Haus!", so meint man in der Regel ganz und gar nicht, dass man das Haus und seine Bewohner als fein und unbescholten ansieht, sondern in ironischer Verkehrung meist genau das Gegenteil. Vielmehr ist ein solches Haus der Quell der Unmoralität, ja gar ein Moloch der Sittenwidrigkeiten. ZOLA schreibt mit *Pot-Bouille* einen Sittenroman, der die Intrigen und Verwirrungen innerhalb eines bürgerlichen Hauses in Paris beschreibt, welches nach außen hin vollkommen ehrwürdig, unbescholten und löblich, hinter der Fassade aber ein wahrer Sündenpfuhl der Scheinheiligkeit und der moralischen Verwerflichkeit ist.[11] Er beschreibt den zunehmenden moralischen Verfall dieser ‚feinen Leute' und ihre Oberflächlichkeit und Scheinheiligkeit (*hypocrisie*). Der Autor stellt dies dar, um zugleich die zunehmende Unmoralität und die zugleich aber von jenen verstärkt an den Tag gelegte Scheinmoral seiner Zeitgenossen anzuprangern. Innerhalb des Hauses verfolgt man den Werdegang des Protagonisten Octave Mouret, der sich ebenfalls durch moralisch verurteilenswerte Handlungen Vorteile

---

[10] Vgl. Kindler, Bd. 17, S. 1068.
[11] Vgl. ebenda.

verschafft und seinen sozialen Aufsteige sehr ambitioniert betreibt. Alle Interaktionen der Bewohner des Hauses in der Rue Choiseul werden von der Macht des Geldes bestimmt, Geschäftemacherei und Profitgier sind Richtschnur des Handelns. So gehören auch Ehebrüche und heimliche amouröse Liebschaften zum alltäglichen Handwerkzeug der Bewohner. Zola arbeitet die Scheinmoral der Hausbewohner hervorragend heraus, indem er dem zur Straße hin beindruckend ordentlich und fein wirkenden Vorderhaus antithetisch den stinkenden Hinterhof gegenüberstellt, den kein Außenstehender je zu Gesicht bekommt, in dem aber die niederen und ordinären Bediensteten die Ausschweifungen der nach außen hin so feinen Hausbewohner schonungslos kommentieren und so die Werte-Welt verkehren: Der schmutzige Innenhof ist der Schauplatz der moralisch integeren (wenngleich niederen) Figuren, während das feine Haus hinter vorgehaltener Hand der eigentliche Sündenpfuhl ist: „Kein Wunder, daß in den Hinterhofgesprächen der Dienstboten der Pesthauch dieses Schmutzes wie aus einer Kloake aufsteigt."[12] Diese Antithese von Hinterhof und Vorderhaus ist ein grundlegender Pfeiler des hierarchischen Gliederungsprinzips der Gesamtkomposition des Werkes, welche ZOLA im Übrigen sehr wohlgeordnet und geplant angeordnet hat: Im Laufe des Romans wird das Haus und seine Bewohner systematisch, von Wohnung zu Wohnung, Etage für Etage und von Zimmer zu Zimmer beschrieben, so wie es der zeitgenössische Karikaturist ALBERT ROBIDA auch dargestellt hat.[13] Die unmoralische Scheinheiligkeit und die (nicht vorhandene) Integrität, auf der die Hausbewohner beharren, wird im Verlauf des Buches immer wieder vorgeführt. Sie sind, obwohl sie immer wieder unmoralisch handeln, ständig auf ihre Bessergestelltheit gegenüber ‚denen da draußen' und dem niederen Dienstpersonal bedacht[14] und versuchen mit allen Mitteln, die moralische Unbescholtenheit des Hauses zu wahren und die Sünde von dort fernzuhalten, ohne zu merken, dass das Haus an sich unter ihren Augen und vor allem durch ihr eigenes Handeln und Zutun bereits ein brodelndes Moloch (*Pot-Bouille!*) und ein

---

[12] Kindler, Bd. 17, S. 1068.
[13] Siehe Karikatur im Anhang!
[14] „Quelle sale chose le peuple ! Il suffisait d'un ouvrier dans une maison pout l'empester. (...) il s'emporta contre l'ouvrier (...) avec ses sales histoires de femmes." (S. 158)

Nest der Amoralität und Verwerflichkeit geworden ist und die Sünde sie bereits allesamt infiltriert hat. Sie halten sich selbst für höherwertig und tragen diesen Hochmut offen zur Schau: „Il y a des gens qui savent vivre, et il y a des gens qui ne savent pas vivre" (S. 150). So verurteilen die Hausbewohner Octaves erotische Eskapaden, obwohl sie selbst keinen Deut besser sind.

> Pour cent francs par an, ça ne vaut vraiment pas la peine d'avoir de la saleté chez soi. (…) - Nous ne voulons pas des femmes, entendez-vous ! (…) j'irai chercher un sergent de ville, moi ! et nous verrons si vous ferez encore vos cochonneries dans une maison honnête ! (S. 139f.)

Octaves Karriere ist zugleich eine harsche und „bittere Kritik an den Maßstäben menschlicher Wertschätzung"[15] Die übertrieben scheinheilige Doppelmoral der Hausbewohner, die ZOLA schonungslos darstellt, sorgte seinerzeit dafür, dass die zeitgenössische Literaturkritik seinen Roman als einstimmig als unmoralische ‚Gossenliteratur' verurteilte, ohne zu merken, dass der Autor diese Unmoraliät des Bürgertums seiner Zeit, dass sich die Realität und ihr eigenes verwerfliches Verhalten stets schönredete und sich nie schuldig oder verantwortlich fühlte, nicht selbst vertrat und unterstützte, sondern dass er sie auf diesem Wege anzuprangern versuchte, worauf indirekte Signale im Text immer wieder hinweisen:

> Alors, le concierge, sans se presser, continua à lui expliquer que, s'ils avaient voulu Mme Gourd et lui, ils auraient vécu en bourgeois, à **Mort-la-Ville**[16], dans leur maison ; seulement, Mme Gourd adorait Paris, malgré ses jambes enflées qui l'empêchaient d'aller jusqu'au trottoir. (S. 138f.)[17]

Sie erklären sich die Welt immer so, dass niemals sie die Schuld trifft, dass sie die letzten unbescholtenen und ehrlichen Menschen auf der Welt seien, und sie verdächtigen alles und jeden, weil alle Welt sich gegen sie verschworen habe, so dass es ihre Aufgabe sei, über die Wahrung des Anstandes im Hause zu wachen, und sei es auch mit unlauteren Mitteln.

> (…) elle ne quittait pas des yeux la porte de l'escalier de service, à l'autre bout de la cour, plus nue et plus sévère par ce temps de pluie
> - Attention ! la voilà ! dit-elle brusquement, comme une femme sortait de cette porte.[18]

Dabei merken sie nicht, dass genau sie und diese ihre Haltung das System reproduziert und dessen eigentliche Ursache ist.

---

[15] Kindler, Bd. 17, S. 1068.
[16] In meinen Augen ist dieser erfundene Ort symbolisch für die abgestorbene Moral der dort wohnenden Bourgeoisie zu sehen. Dennoch möchte das Ehepaar Gourd am liebsten dort leben.
[17] Hervorhebung d. Verf.
[18] S. 139

Auch der Novellenautor JULES BARBEY D'AUREVILLY hat sich in seinem Werk *Les Diaboliques* das Ziel gesetzt, die Amoral seines Zeitalters zu porträtieren und sie somit zugleich scharf zu verurteilen. Er jedoch bezieht den christlichen Glauben mit ein.

> Bien entendu qu'avec leur titre de *Diaboliques*, elles n'ont pas la prétention d'être un livre de prières (…) … Elles ont pourtant été écrites par un moraliste chrétien, mais qui se pique d'observation vraie (…). (*Préface*, S. 157)

In seiner *préface* erläutert der Autor mit bissiger Ironie das Motiv seines Schreibens damit, dass der Teufel überall in diesem seinen Zeitalter laure, das sich zu Unrecht für fortschrittlich halte.[19]

> Als christlicher Moralist fühlt er sich verpflichtet, in ‚tragischen Zeichnungen' die Pranke des Bösen vor allem im Leben der mondänen Gesellschaft seiner Zeit sichtbar zu machen.[20]

Dabei spielen in den Geschichten Frauen die Hauptrolle, weil sie dem Teuflischen leichter erlegen sind, da sie sowohl ihren guten als auch ihren schlechten Trieben stärker unterlegen sind, als die Männer.[21]

In jeder Novelle entwirft BARBEY D'AUREVILLY, der sie selbst *petites tragédies* nennt, eine Situation, in der er zuerst die Anwesenden portraitiert und eigentlich erst in einer zweiten Hälfte wirklich beginnt, das eigentlich diabolische an der Geschichte zu berichten, und dies oftmals mit dem Stilmittel des Rückblicks (*Flash-Back*).

So erinnert sich in der Novelle *Le rideau cramoisi* der Vicomte de Brassard, als er durch Zufall mit der Kutsche in einer Kleinstadt Halt macht und ihm und seinem Reisebegleiter ein rot erleuchtetes Fenster auffällt, an eine heimliche und tragische Liebesgeschichte zu einer Frau namens Alberte, die er genau dort in dem Zimmer hinter dem Fenster einst gehabt hatte. Als sie seinerzeit urplötzlich während eines Kusses starb, verließ er panisch diesen Ort und wird nun von den Erinnerungen wieder eingeholt:

> „Je passais au galop sous la fenêtre (…) de la funèbre chambre où j'avais laissé Alberte morte, et qui était éclairée comme elle l'est ce soir. (…) le (…) souvenir cruel de l'histoire d'Alberte. (…) Je l'ai gardé comme une balle qu'on ne peut extraire…" (S. 91f.)

In der Novelle *La vengeance d'une femme* wendet sich der Autor offen an seine Leserschaft und polemisiert gegen die sogenannten Kühnheiten moderner Literatur, die allen gegenteiligen Behauptungen zum Trotz eben

---

[19] Vgl. Kindler. Bd. 2, S. 211.
[20] Ebenda.
[21] Vgl. ebenda.

keineswegs ein Abbild der Gesellschaft liefert, das als wahr und real angesehen werden könne, denn die Abbildung verschweige stets unbestrafte und heimliche Verbrechen, etwas, was BARBEY D'AUREVILLY mit seinen teuflischen Novellen absolut nicht zu tun im Sinn habe. Er gedenke beispielsweise mit der zuletzt genannten Novelle vielmehr ein lebendiges und vor allem wahres Beispiel für die ‚geistigen Verbrechen' des modernen Zivilisationszeitalters zu geben.[22]

> Ces histoires sont malheureusement vraies. Rien n'en a été inventé. On n'en a pas nommé les personnages : voilà tout ! (…) Les *Diaboliques* (…) sont (…) des histoires réelles de ce temps de progrès et d'une civilisation si délicieuse et si *divine*, que, quand on s'avise de les écrire, il semble toujours que ce soit le Diable qui ait dicté ! …
> (*Préface*, S. 157f.)

In jener Novelle beispielsweise erzählt der Autor in raffinierter Perversität die Geschichte einer spanischen Herzogin, die freiwillig zur billigsten und schäbigsten Hure von ganz Paris wird, um sich an ihrem Mann zu rächen, indem sie dabei weder Rang noch Namen ablegt.

In allen seinen sechs *Diaboliques*[23] hat JULES BARBEY D'AUREVILLY in seiner Rolle als Moralist sich selbst die Aufgabe gestellt, die Moral einer gesamten Gesellschaft zu analysieren.

ÉMILE ZOLA definiert in seiner Aufsatzsammlung *Le roman expérimental* im Jahre 1880 die Übertragung naturwissenschaftlicher Methoden auf den Roman als die Aufgabe des modernen Schrifttums, sodass der Schriftsteller in wissenschaftlichem Anspruch zum ‚*observateur et expérimentateur*' werde.[24] Damit knüpft der Autor mit seinem Romanzyklus *Les Rougon-Macquart*, zu dem auch das Werk *Pot-Bouille* gehört, und die gesamte Bewegung des Naturalismus mit ihm an das bereits von BALZAC in der *Comédie humaine* initiierte Projekt einer Gesamtdarstellung der zeitgenössischen Gesellschaft an. In der Schilderung sozialer Missstände und der Amoralität seiner Epoche sieht ZOLA, der absolut davon überzeugt ist, dass sie Gesellschaft prinzipiell veränderbar ist, eine Möglichkeit zu deren Beseitigung einen Beitrag zu

---

[22] Vgl. Kindler, Bd. 2, S. 211.

[23] Programmatisch dem Christentum verbunden, waren ursprünglich zwölf geplant: „Voici les six premières ! Si le public y mord, et les trouve à son goût, on publiera prochainement les six autres ; car elles sont douze, - comme une douzaine de pêches – ces pécheresses !" (Préface, . 157). Die vom Autor als Gegenstück zu den Diaboliques konzipierten ‚Himmlischen' sind jedoch niemals geschrieben worden. (Vgl. Kindler, Bd. 2, S. 212).

[24] Vgl. Grimm, S. 310.

leisten.[25] Dies ist seine Motivation, das Unmoralische, d.h. die verlogene *hypocrisie* im Zeitgeist seines Jahrhunderts anzuprangern und somit offensiv zu bekämpfen. Eine andere Vorstellung vom Unmoralischen hat dagegen BARBEY D'AUREVILLY, der den Sittenverfall in der zunehmenden Entfernung und Abwendung der Menschen von christlichen Moralprinzipien sieht, und befürchtet, die Menschheit sei der Gefahr ausgesetzt, vom Teuflischen überrannt zu werden. Beide Autoren versuchen durch offene Darstellung der von ihnen jeweils diagnostizierten Missstände in der sie umgebenden Gesellschaft diese zu bekämpfen.

In meinen Augen hat dies bei beiden durchaus Wirkung gezeigt, jedoch nur bei dem sie rezipierenden Publikum, weshalb es durch beide Autoren zu keinem Zeitpunkt zu einer kompletten Wandlung der Gesellschaft gekommen ist. Dies ist das unausweichliche Schicksal eines jeden Schriftstellers: Niemals wird er die Probleme, die er anprangert und zu ändern versucht gänzlich beseitigen können, aber er ist dennoch in der Lage, seinen Beitrag zu leisten, da er zumindest sein Publikum für das ihm am Herzen liegende Problem zu sensibilisieren vermag. Und das haben beiden Autoren meiner Meinung nach sehr wohl vollbracht.

Allerdings ist der Kampf des Schriftstellers gegen die Missstände in der Welt stets ein Kampf gegen Windmühlen und wird es auch immer sein.

O tempora, o mores!

---

[25] Vgl. Grimm, S. 311.

Anhang:

Verwendete Textausgaben (Primärliteratur):

BARBEY D'AUREVILLY, JULES: *Les Diaboliques*. Présentation, notes, chronologie et dossier par Thierry Corbeau, Paris: Flammarion 2004.

MAUPASSANT, GUY DE: *Bel-Ami*. Préface et notes de Jean-Luois Bory. Manchecourt: Éditions Gallimard 1973.

ZOLA, ÉMILE: *Pot-Bouille*. Préface, Notes et Dossier par Marie-Ange Voisin-Fougère. Sous la Direction de Michel Simonin. Paris: Librairie Générale Française 2008.

Verwendete Forschungsliteratur (Sekundärliteratur):

DETHLOFF, UWE: *Französischer Realismus*. Stuttgart: Metzler 1997.

GRIMM, JÜRGEN. (Hg.): *Französische Literaturgeschichte*, Stuttgart: Metzler 2006.

JENS, WALTER (Hg.): *Kindlers Neues Literaturlexikon*, Bde. 2 (Ba-Bo), 11 (Ma-Mo) & 17 (Vb-Vz), München: Kindler 1989-1991.

LAUSBERG, HEINRICH: *Elemente der literarischen Rhetorik*, München: Hueber 1963.

http://expositions.bnf.fr/zola/portraits/images/p33.jpg
(Letzter Zugriff: 05. 07. 2009)